CARLOS CHÁVEZ

THREE POEMS

for
Medium/Low Voice and Piano

ED 4187

ISBN 0-634-06538-6

Segador

The Reaper

Carlos Pellicer*
English version by Willis Wager

Carlos Chávez
1938

*Words printed by special permission

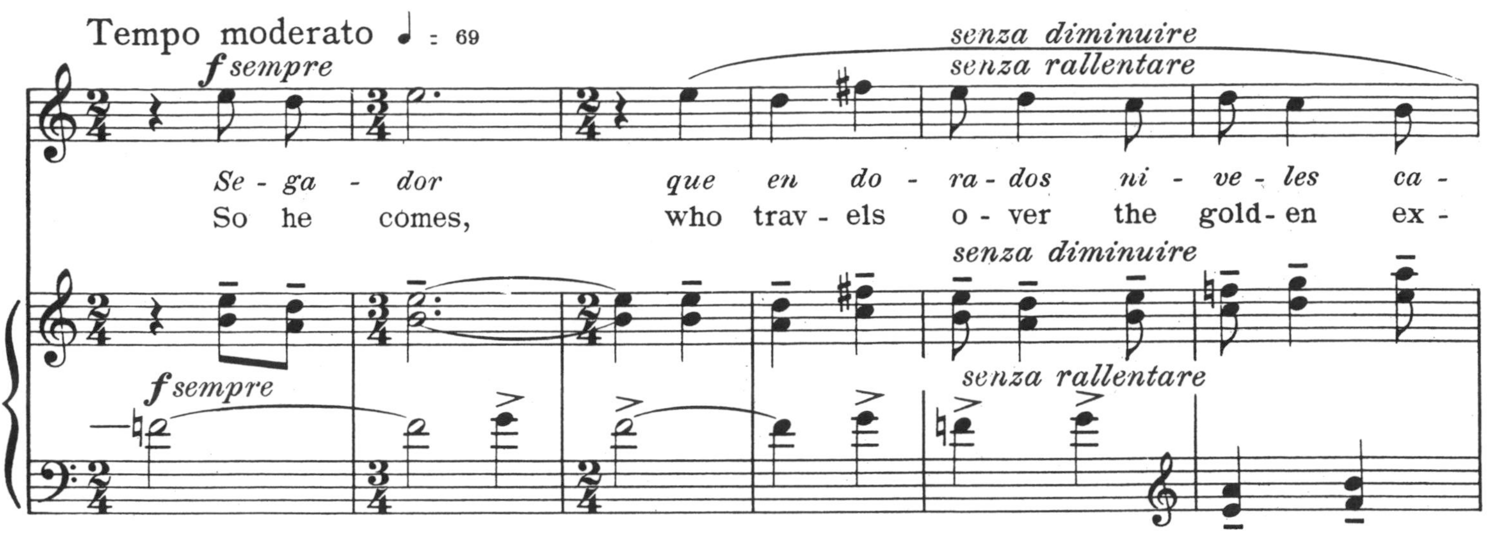
Tempo moderato ♩ = 69
f sempre
senza diminuire
senza rallentare
Se - ga - dor que en do - ra - dos ni - ve - les ca -
So he comes, who trav - els o - ver the gold - en ex -
senza diminuire
f sempre
senza rallentare

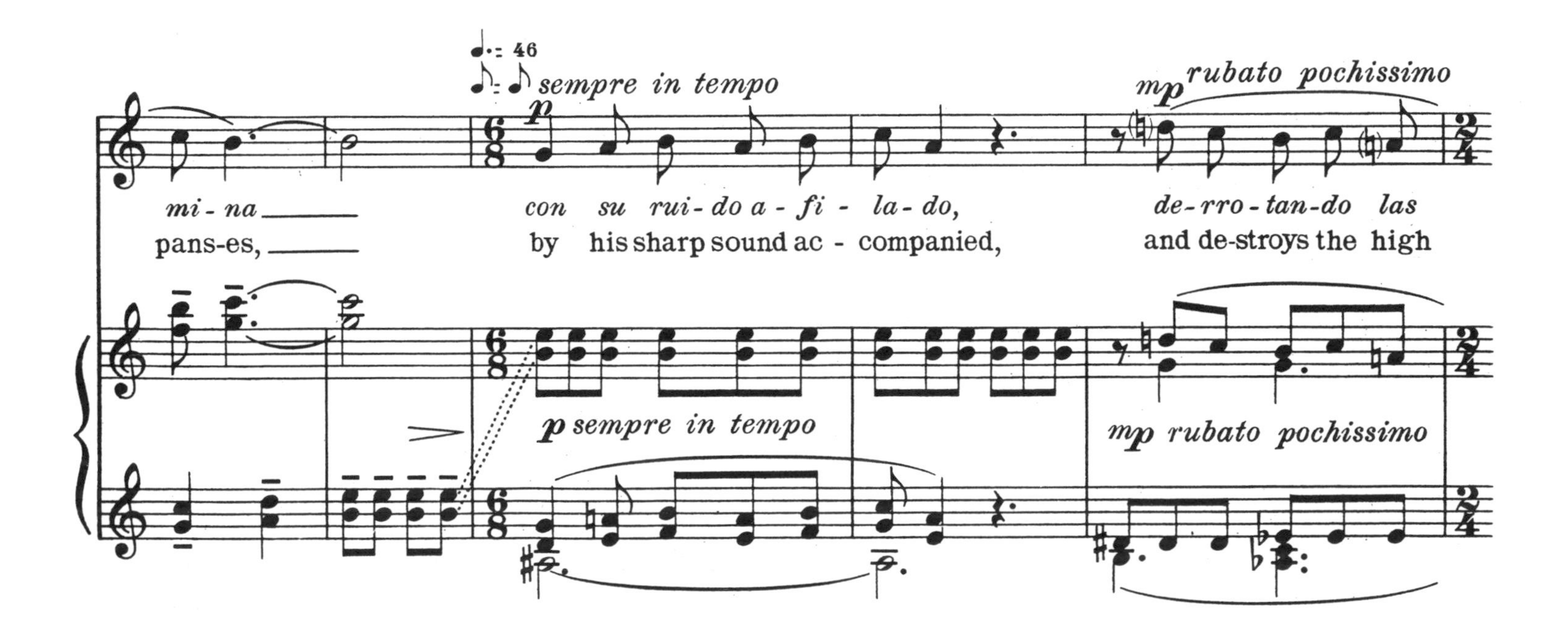
♩. = 46
♪ = ♪ sempre in tempo
p
mp rubato pochissimo
mi - na con su rui - do a - fi - la - do, de - rro - tan - do las
pans - es, by his sharp sound ac - companied, and de - stroys the high
p sempre in tempo
mp rubato pochissimo

senza cresc.
allargando pochissimo
fi - nas al - tu - ras de o - ro
plac - es re - splen - dent and gold - en,
a tempo
senza cresc. e sempre legato
allargando pochissimo

pp a tempo
senza rallentare
e cha a - ba - jo tam - bién el o - ca - so.
o - ver - throw - ing the light of the sun - set.
a tempo
cedendo poch.
pp
Tempo senza rigore ♩ = 63
f molto espressivo
Più mosso ♩. = 48
mf
cedendo
Se - ga - ba las cla - ras es - pi - gas. Su pau - sa e - ra mú - si - ca.
He cuts in their clear - ness the wheat-heads. His mo - tion is rhyth - mi - cal.
cedendo
mf molto cantabile e legato

Meno mosso ♩ = 58
tristamente
pp
p
Poco più ♩ = 63
p
Su som-bra a - lar - ga - ba la tar - de. En los
His grow-ing shad - ow length-ens the eve - ning. 'Neath his
p tristamente
p

o - jos tra - í - a un lu - ce - ro que a
eye - lids he bears a glint of star-light which will

f sempre
Poco più ♩ = 76
ve - ces brin - ca - ba por to - do el pai - sa - je.
some-times go danc-ing all - o - ver the land - scape.
f sempre

♪ = ♪ = 152
p
mp
La hoz a - fi - la - da tan fi - no se - ga - ba lo
His sick-le is sharp - ened so keen - ly, it cuts with the
p molto legato sempre
cresc.
mp espressivo

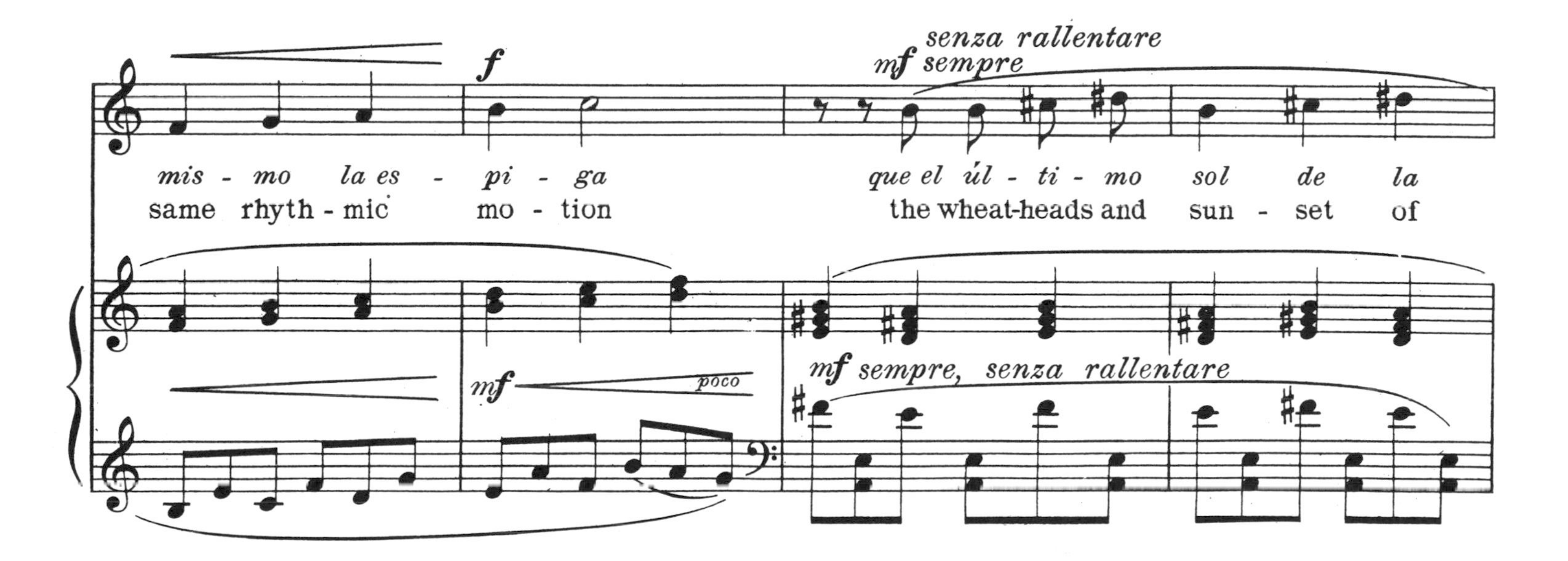
f
senza rallentare
mf sempre
mis - mo la es - pi - ga que el úl - ti - mo sol de la
same rhyth - mic mo - tion the wheat-heads and sun - set of
mf
poco
mf sempre, senza rallentare

tar - - de.
eve - - ning.
poco rall.
p

Hoy no lució la estrella de tus ojos

Now from your eyes no longer shines the starlight

Salvador Novo*
English version by Willis Wager

Carlos Chávez
1938

*Words printed by special permission

ced. poch.
poco
en que mi pro-pia voz nom-bra mi nom - bre,
where but my own voice calls, nam-ing my own name,
ced. poch.
poco
mp non arpeggiato
Tempo primo ♩ = 69
mp
pochiss. rubato
en que to - do es do - ra - do y a - zul co - mo
where cre - a - tion is en - dued with gold and az - ure light
p
m.d. p legato
m.s. poco marc.
pochiss. rubato
cresc. poco
a tempo
poch. rubato
più f
un dí - a nue - vo y co - mo las es - pi - gas her-
like a day new - born, and like the grow-ing wheat - heads, so
cresc. poco
a tempo
poch. rubato
più f
cedendo poco
f sempre
liberamente
a tpo.
mf ♩ = 69
mé - ti - cas, per - fec - tas y ca - lla - das. En
tight-ly closed, so per - fect, and so si - lent. In
cedendo poco
liberamente
a tpo.
f sempre
mf

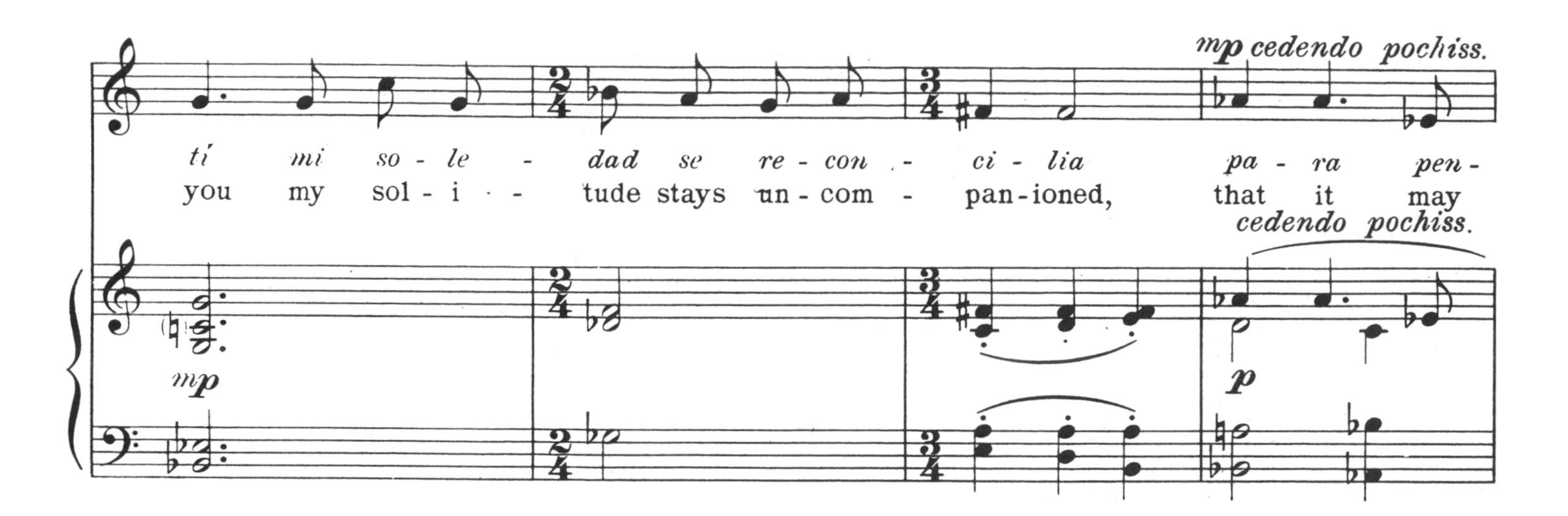
mp cedendo pochiss.
tí mi so - le - dad se re - con - ci - lia pa - ra pen -
you my sol - i - tude stays un - com - pan - ioned, that it may
cedendo pochiss.
mp
p

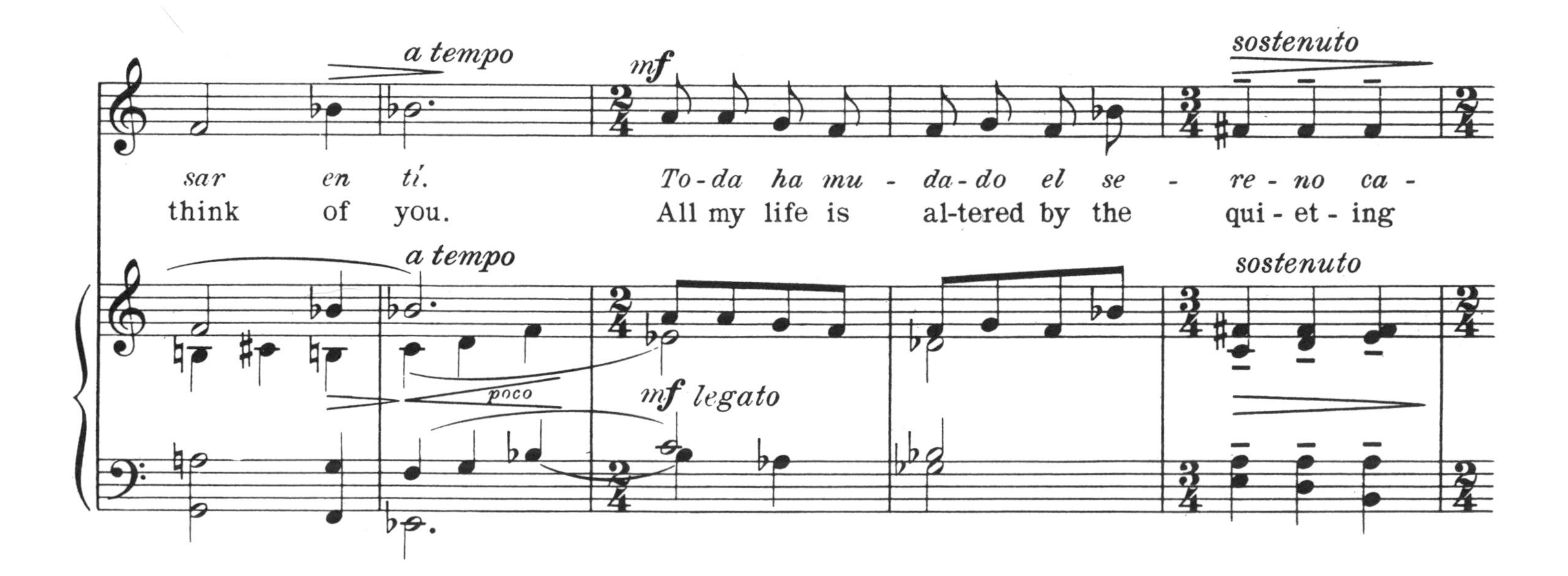
a tempo
mf
sostenuto
sar en tí. To - da ha mu - da - do el se - re - no ca -
think of you. All my life is al - tered by the qui - et - ing
a tempo
sostenuto
poco
mf legato

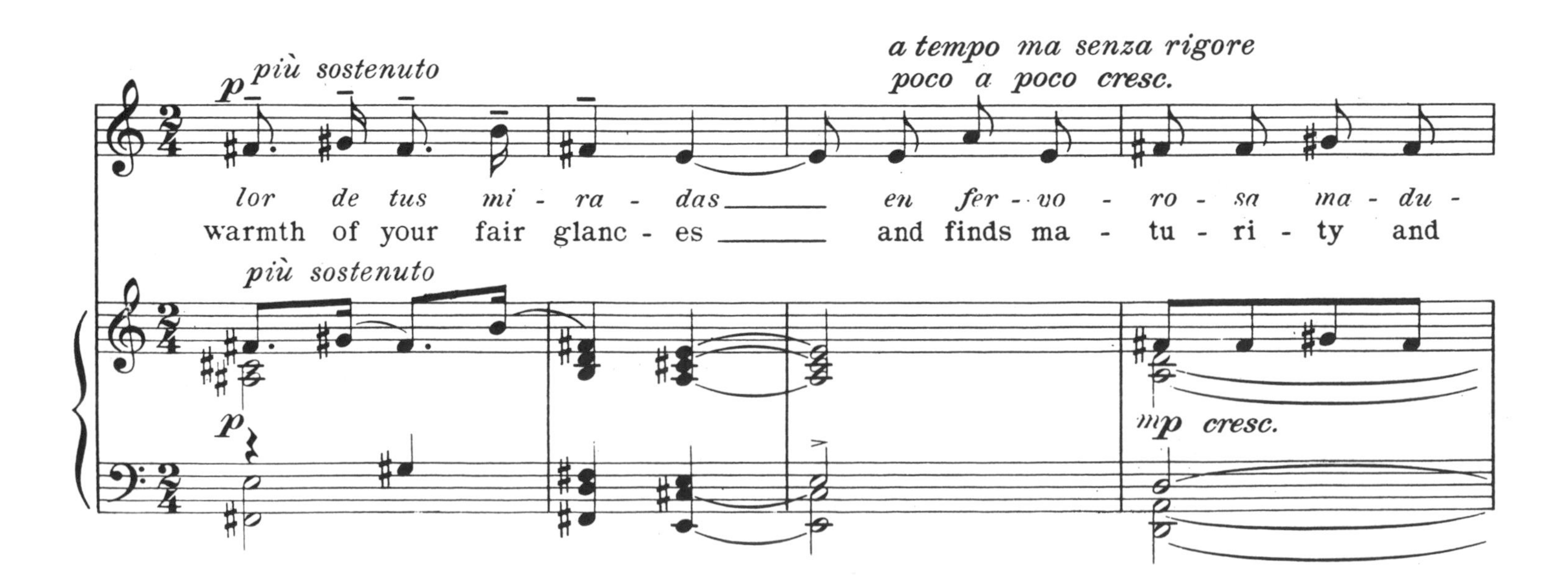
p più sostenuto
a tempo ma senza rigore
poco a poco cresc.
lor de tus mi - ra - das en fer - vo - ro - sa ma - du -
warmth of your fair glanc - es and finds ma - tu - ri - ty and
più sostenuto
p
mp cresc.

Sostenuto ♩ = 60
mf
rez mi vi - da.
bloom be-fore you.
mf
f
poco
Ped.
Ped.
Tempo primo ♩ = 69
mf
p ritenuto poch.
Al - ga y es-pu-mas frá-gi - les, mis be - sos
Sea - weed and spin-drift del - i - cate, my kiss - es
ritenuto poch.
mf
p
mp a tempo
ci-fran el u-ni-ver-so en tus pes - ta - ñas
compass the u - ni - verse that lies in your eye-lash - es—
rubato - - - - ced. poch.
a tempo
mp

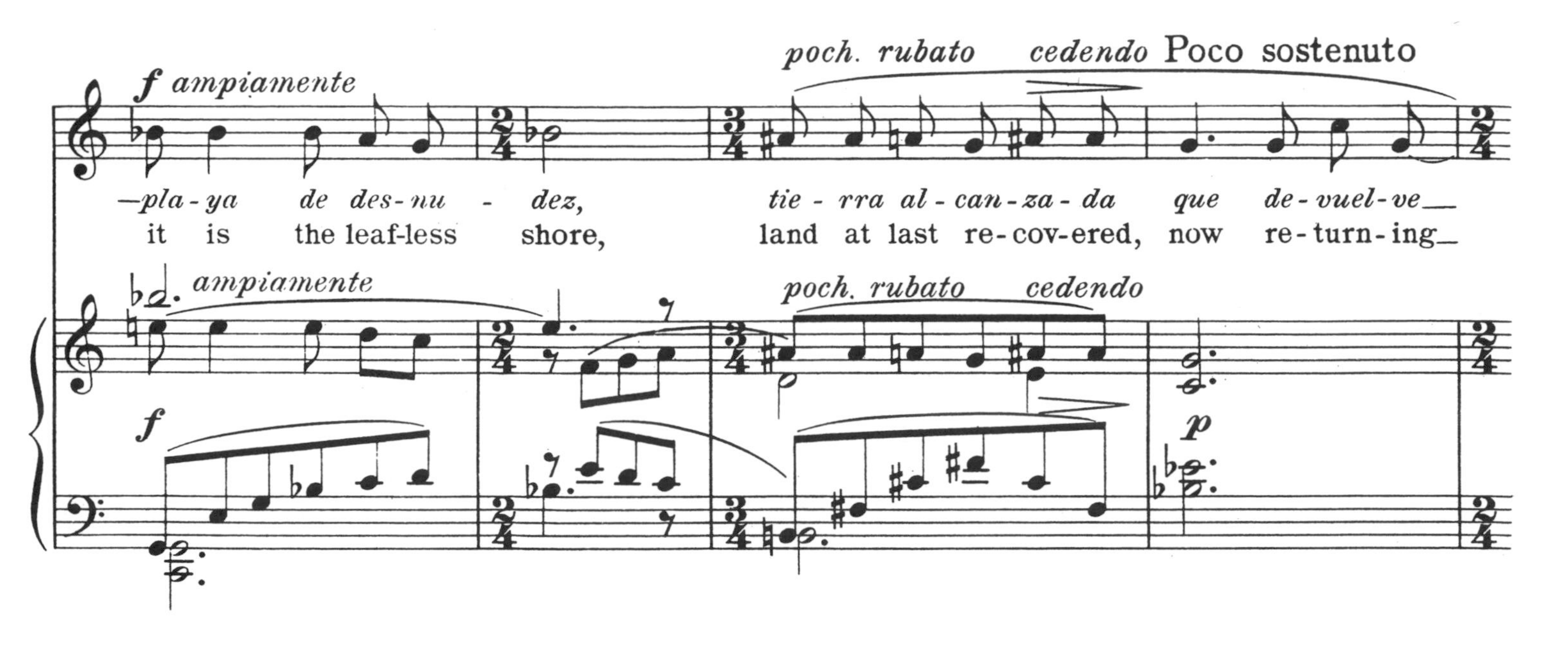
poch. rubato cedendo Poco sostenuto
f ampiamente
—pla - ya de des - nu - dez, tie - rra al - can - za - da que de - vuel - ve
it is the leaf-less shore, land at last re - cov - ered, now re - turn - ing
ampiamente
poch. rubato cedendo
f
p

en mi - ra - das tus es - tre - llas.
your clear star - light in your glanc - es.
poch. rubato - - - ced. -
mp
mf

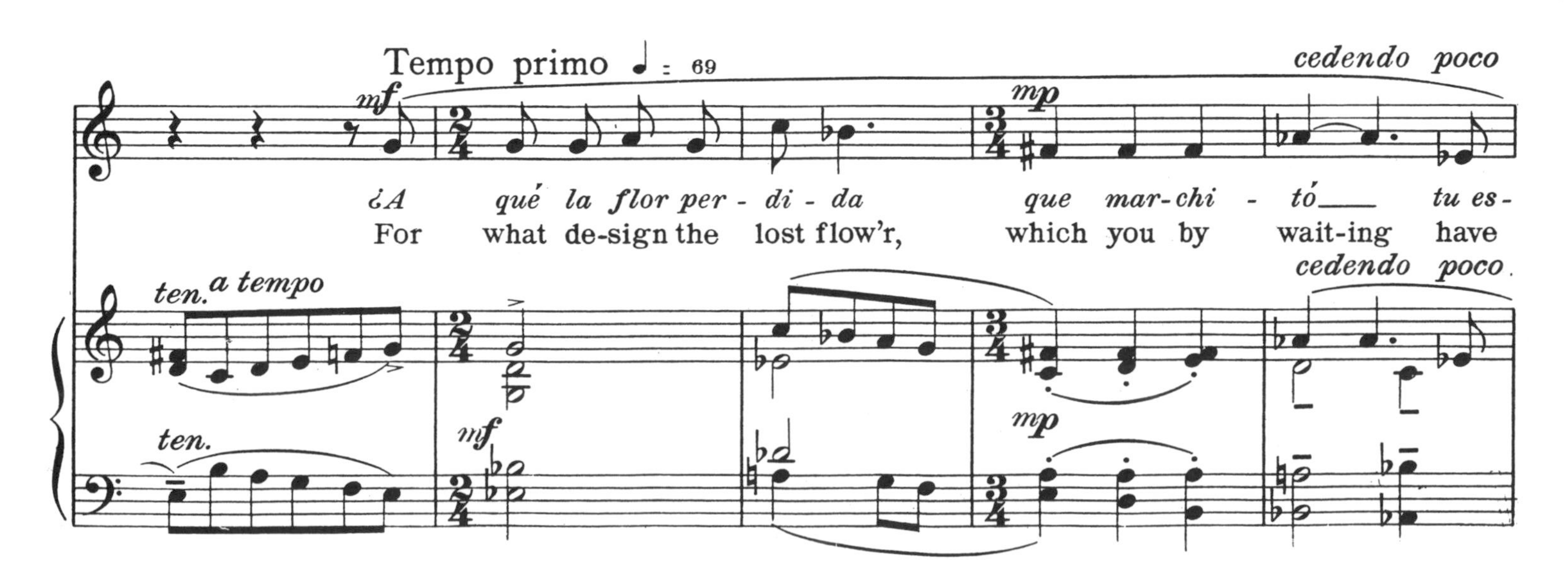
Tempo primo ♩ = 69
cedendo poco
mf
mp
¿A qué la flor per - di - da que mar - chi - tó tu es -
For what de - sign the lost flow'r, which you by wait - ing have
cedendo poco
ten. a tempo
ten.
mf
mp

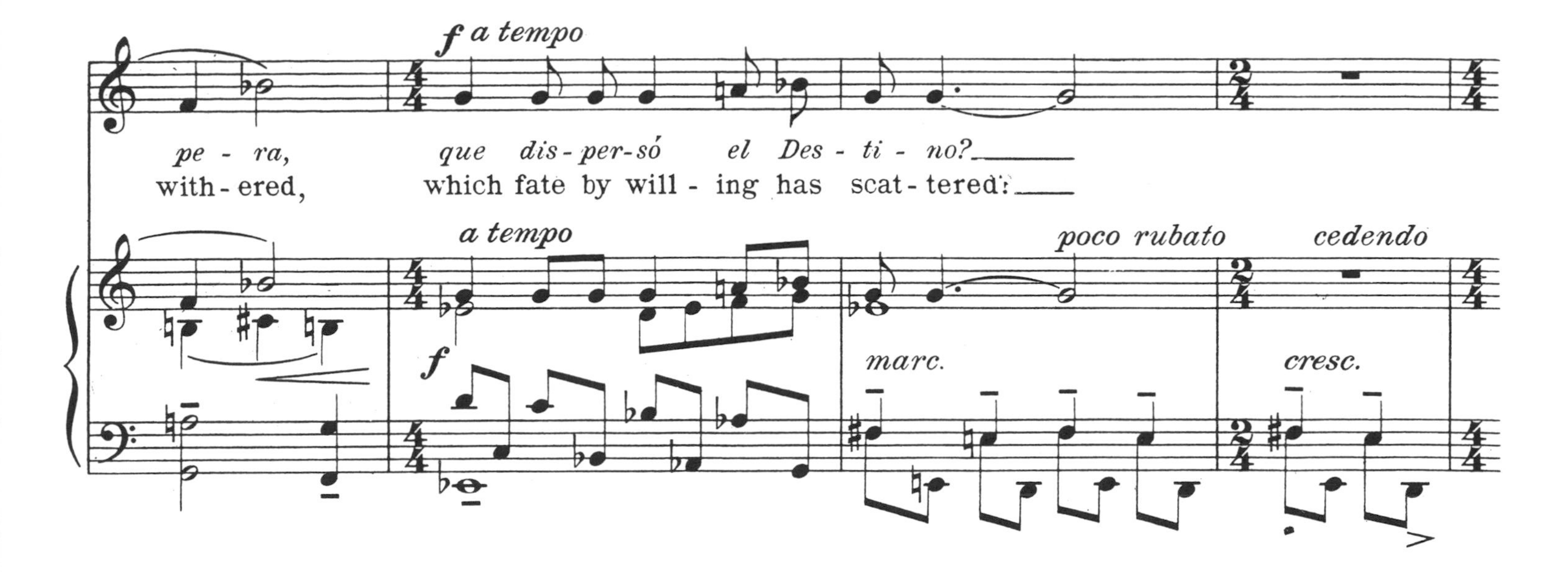
f a tempo
pe - ra, que dis-per-só el Des - ti - no?
with-ered, which fate by will - ing has scat-tered:
a tempo
poco rubato
cedendo
f
marc.
cresc.

Molto sostenuto ♩ = 50
ff
Mi o-fren-da es to - da tu - ya en la si - mien-te
All of my of - f'ring is yours, wrapped in the ker-nel
ff sempre
ff
ff sempre

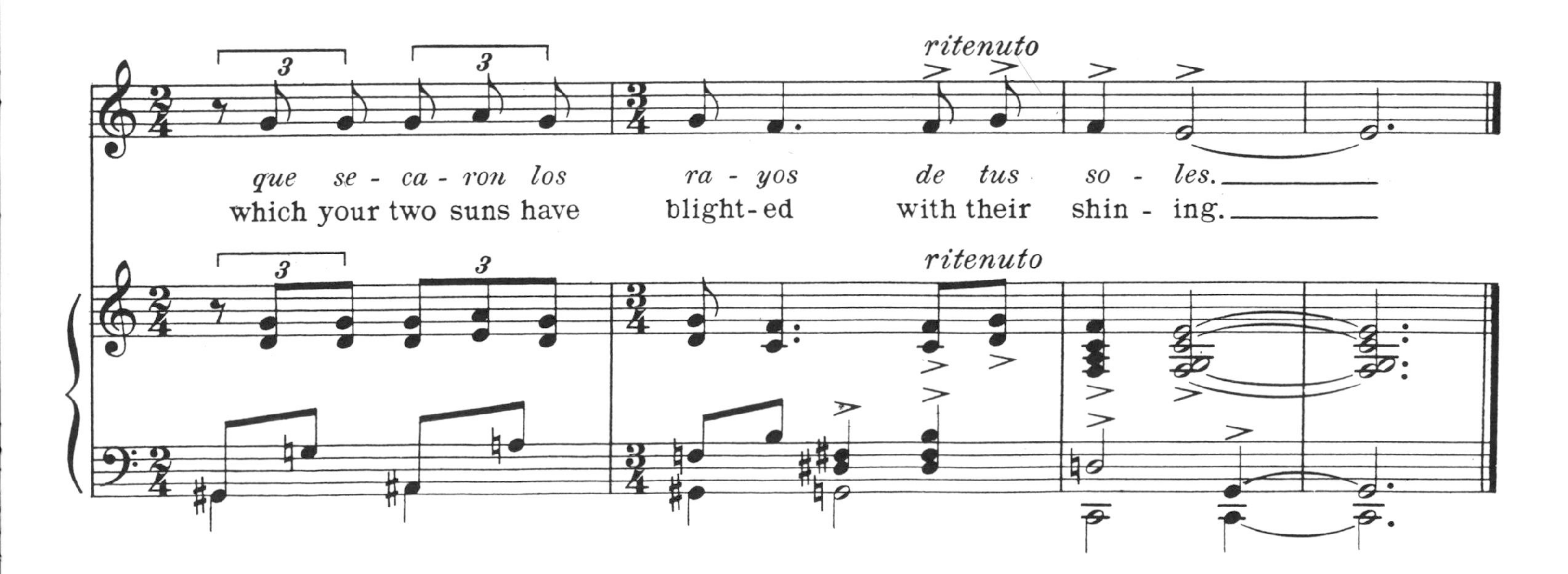
ritenuto
que se - ca - ron los ra - yos de tus so - les.
which your two suns have blight-ed with their shin - ing.
ritenuto

Nocturna Rosa

Nocturnal Rose

Xavier Villaurrutia*
English version by Willis Wager

Carlos Chávez
1938

*Words printed by special permission

poco
p
mp
poco espressivo
rio - sa for - ma de la quie - tud.
te - rious sym - bol of qui - e - tude.
No es la ro - sa se -
My rose is no thirst - y
p
mp
dien - ta, ni la san - gran - te lla - ga,
flow - er, nor one with thorns a - bleed - ing,
p legato sempre
Più mosso
p espressivo
ced. rubato
ni la ro - sa co - ro - na - da de es - pi - nas,
nor the rose that bears a crown of pierc - ing bram - bles,
p espressivo
cantando

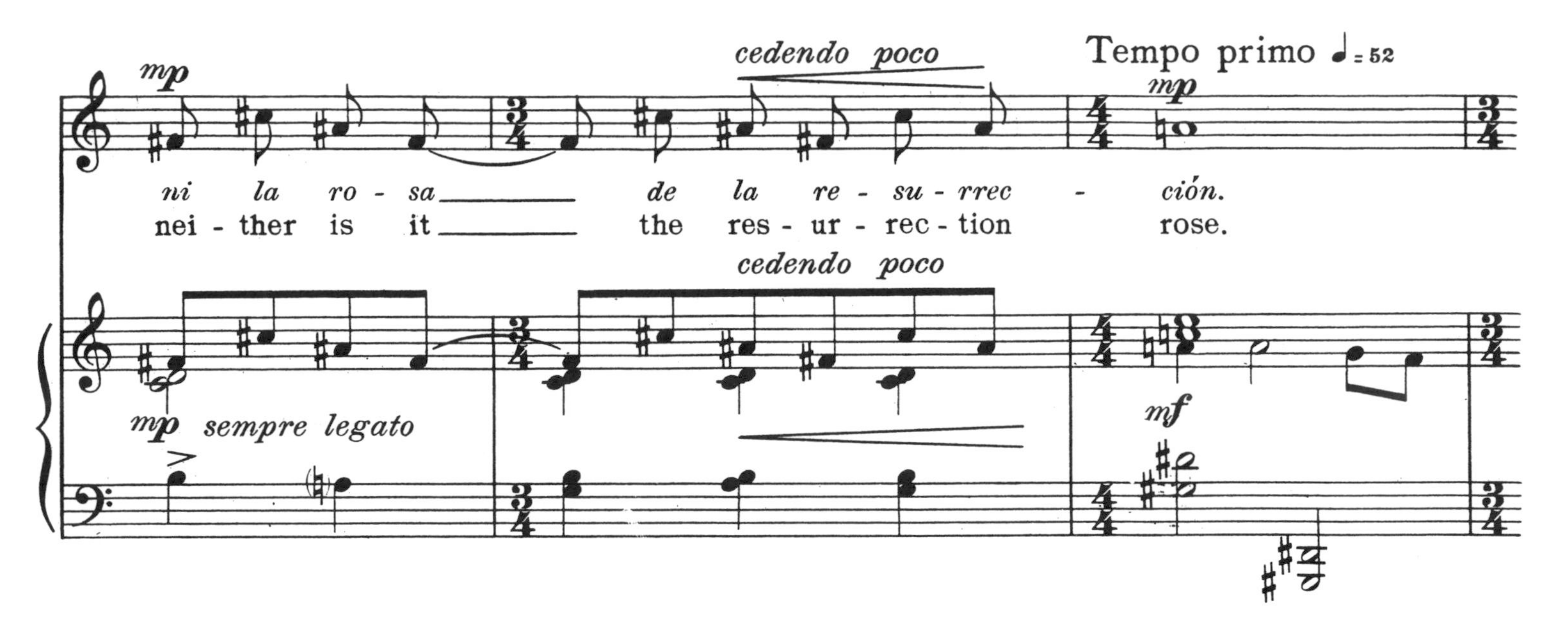
cedendo poco
Tempo primo ♩= 52
mp
ni la ro - sa de la re - su - rrec - ción.
nei - ther is it the res - ur - rec - tion rose.
cedendo poco
mp sempre legato
mf

mp
No es la ro - sa de pé - ta - los des - nu - dos,
It is no rose that is stripped of all its pet - als,
mp
dim.

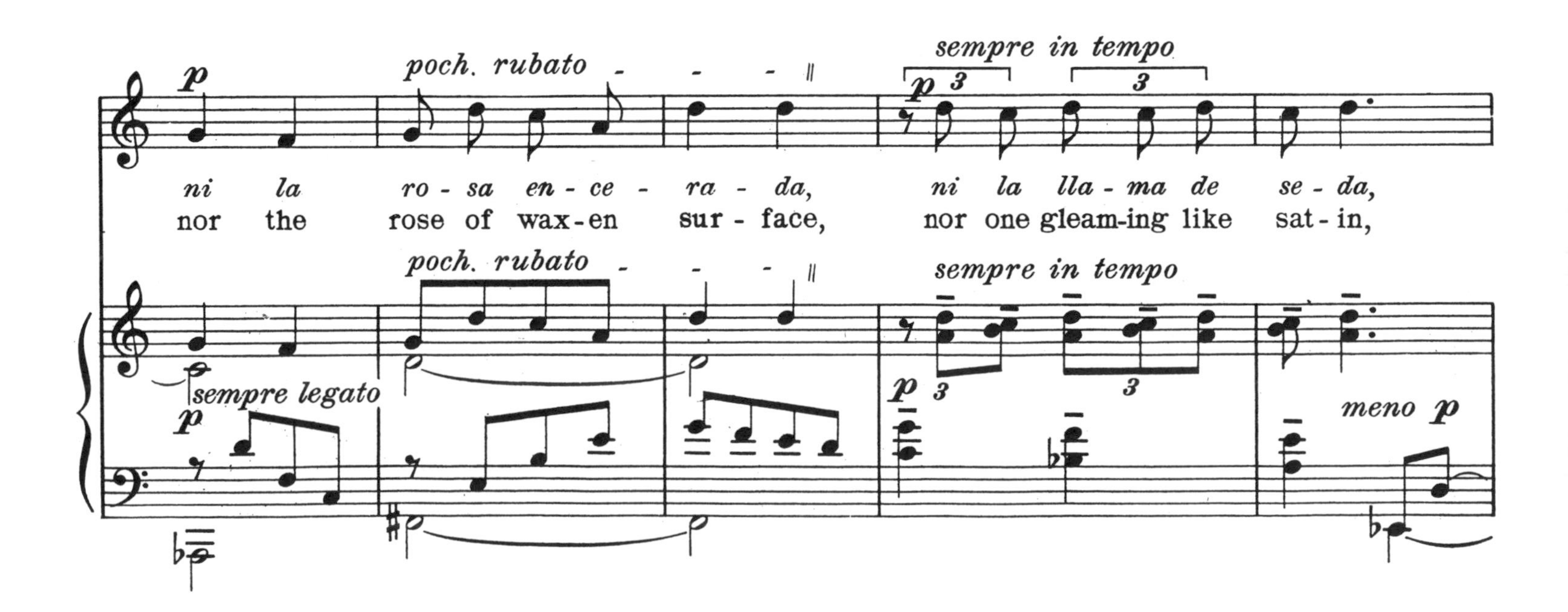
p
poch. rubato
sempre in tempo
ni la ro - sa en - ce - ra - da, ni la lla - ma de se - da,
nor the rose of wax - en sur - face, nor one gleam - ing like sat - in,
poch. rubato
sempre in tempo
sempre legato
p
meno p

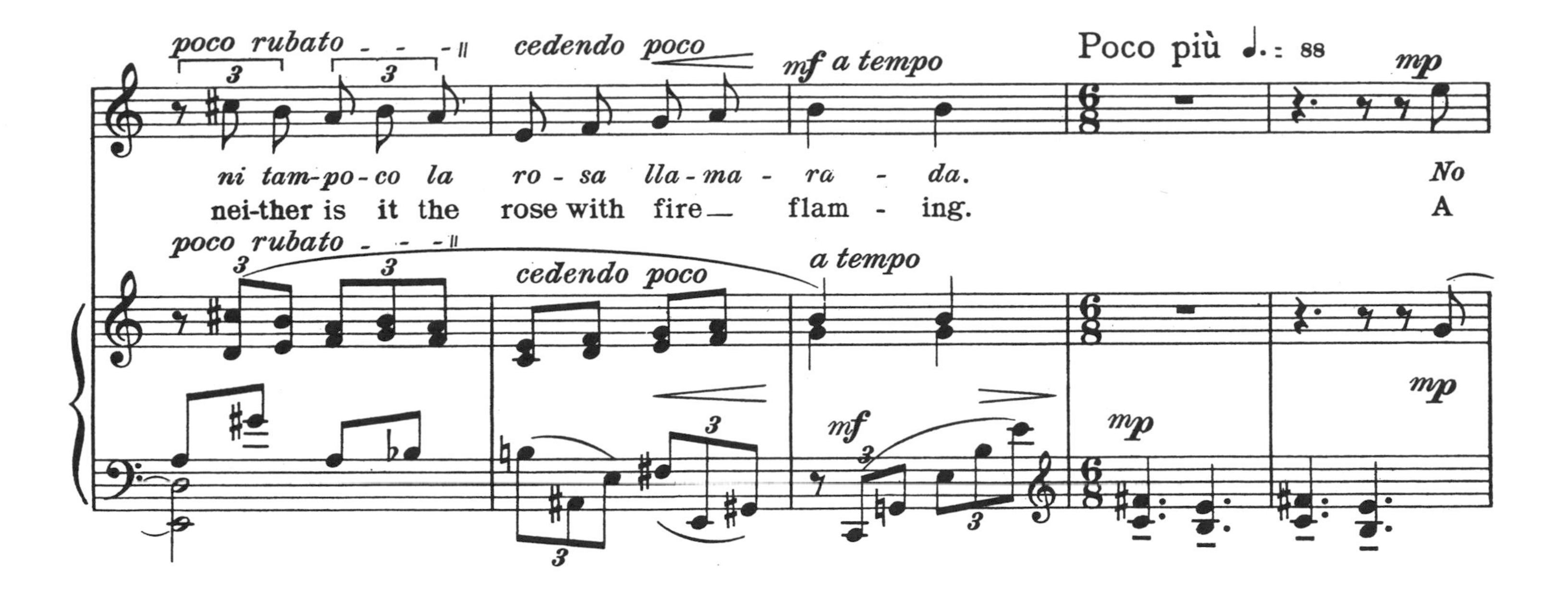
poco rubato
cedendo poco
mf a tempo
Poco più ♩. = 88
mp
ni tam-po-co la ro-sa lla-ma-ra-da. No
nei-ther is it the rose with fire flam-ing. A
poco rubato
cedendo poco
a tempo
mf
mp
mp

senza cresc.
es la ro-sa ve-le-ta, ni la úl-ce-ra se-
weath-er-vane rose it is not, nor a wound that throbs in
sempre
senza cresc.

mp sempre
cre-ta, ni la ro-sa pun-tual que da la ho-ra,
se-cret, nor the punc-tu-al rose that tells the min-utes,
mp sempre

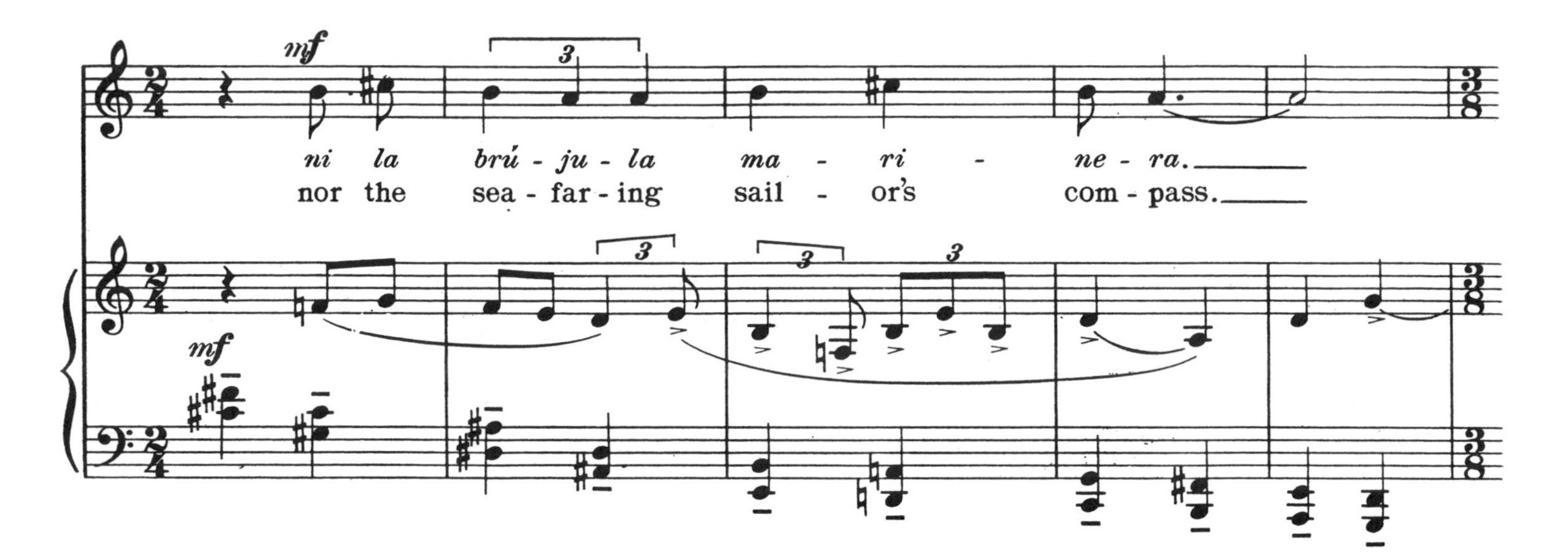
mf
ni la brú - ju - la ma - ri - ne - ra.
nor the sea - far - ing sail - or's com - pass.
mf

Un poco mosso ♪ = 168

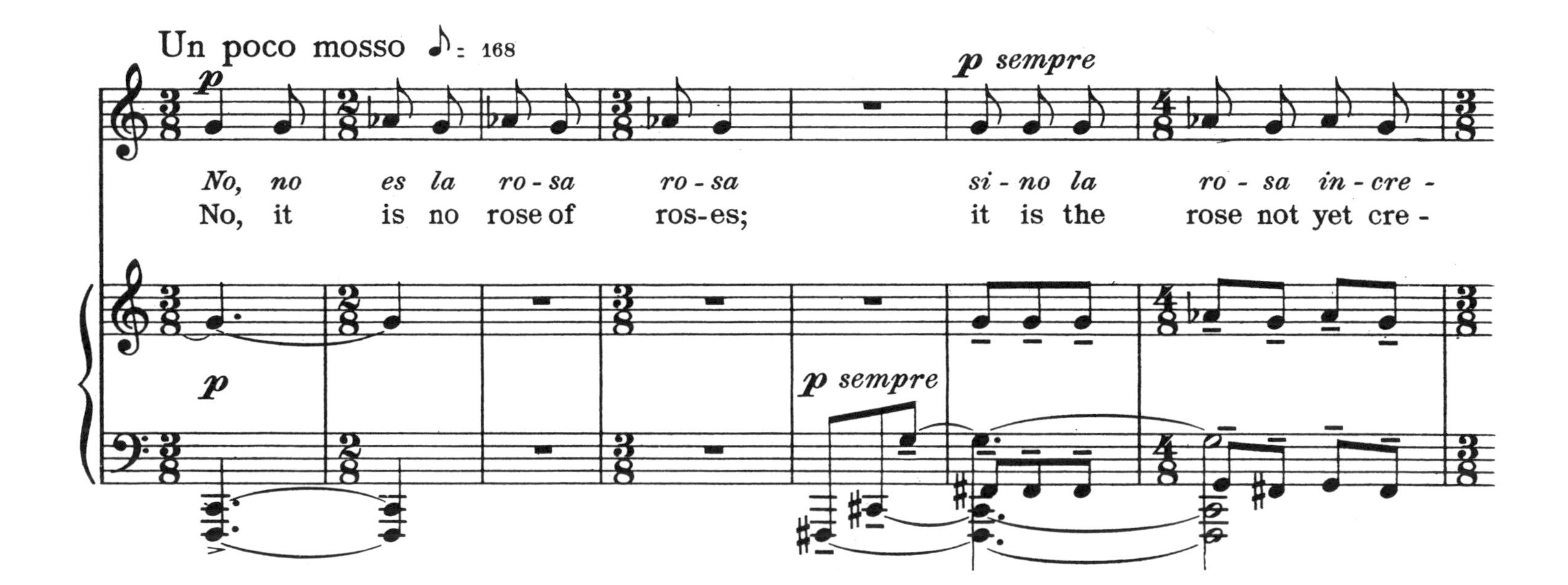
p
p sempre
No, no es la ro - sa ro - sa si - no la ro - sa in - cre -
No, it is no rose of ros-es; it is the rose not yet cre -
p
p sempre

a - da, la su - mer - gi - da ro - sa, la noc - tur - na,
at - ed, the rose deep un - der wa - ter, the noc - tur - nal,

poco sostenuto
la ro - sa in - ma - te - rial, la ro - sa
the rose that is im - ma - te - rial, and in - sub -
poco sostenuto

hue - ca.
stan - tial.
poco più sostenuto
mf

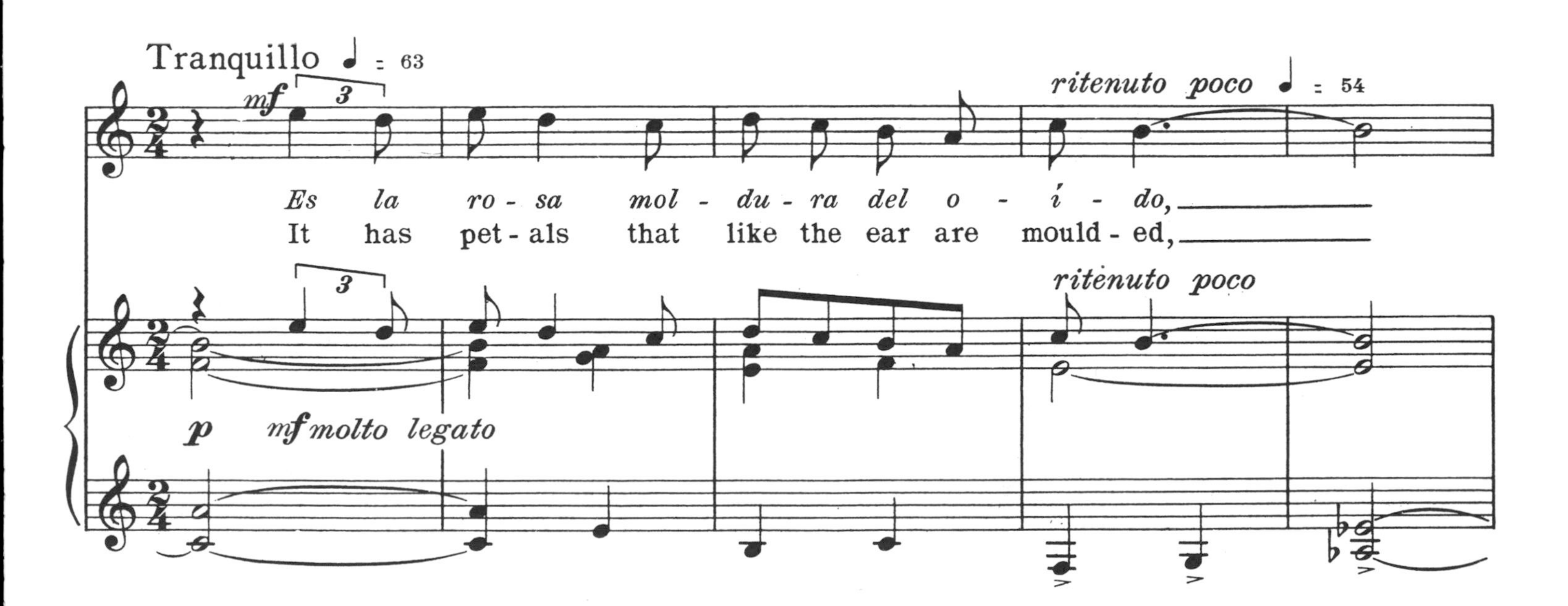
Tranquillo ♩ = 63
mf
ritenuto poco ♩ = 54
Es la ro - sa mol - du - ra del o - í - do,
It has pet - als that like the ear are mould - ed,
ritenuto poco
p mf molto legato

poch. più ritenuto
pp dolce
a tempo sempre giusto ♩ = 63
la ro - sa o - re - ja, la es - pi - ral del ru - i - do,
this flow - er of hear-ing, this frail spi - ral of mur-murs,
poch. più ritenuto
a tempo sempre giusto
pp dolce
mp
sempre in tempo
la ro - sa con - cha siempre a - ban - do - na - da
this rose of sea-shell, ev - er left un - gath-ered,
sempre in tempo
mp

senza rigore il tempo
pp
en la más al - ta es - pu - ma de la al - mo - ha - da.
ev - er left with - in the foam-like whiteness of the pil - low.
senza rigore il tempo
pp
ppp

a tempo ♩ = 63
mf
p
Es la ro - sa que a - bre los pár - pa - dos, la ro - sa vi - gi -
It has eye-lids that o - pen in watch-ful-ness, the rose that keeps its
a tempo
p
mf
p

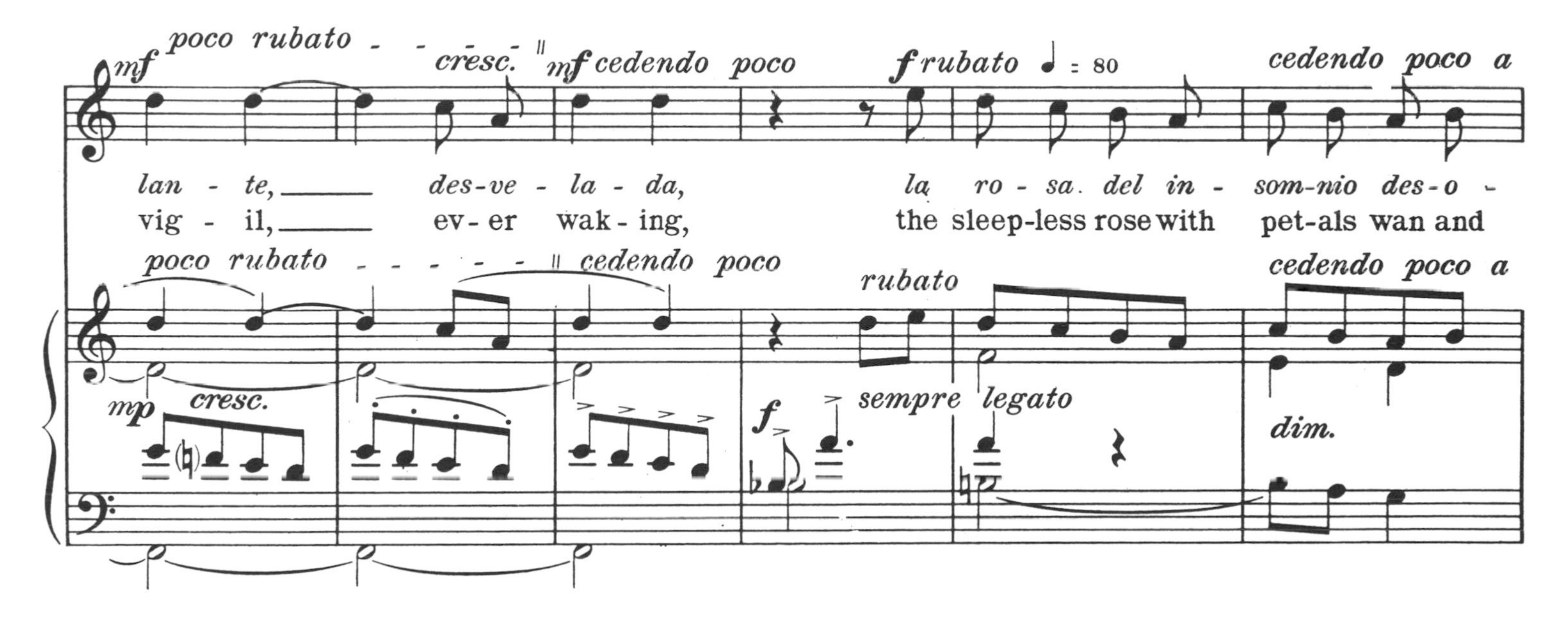
mf poco rubato
cresc.
mf cedendo poco
f rubato ♩ = 80
cedendo poco a
lan - te, des-ve - la - da, la ro - sa del in - som-nio des-o -
vig - il, ev - er wak - ing, the sleep-less rose with pet-als wan and
poco rubato
cedendo poco
rubato
cedendo poco a
mp cresc.
f
sempre legato
dim.

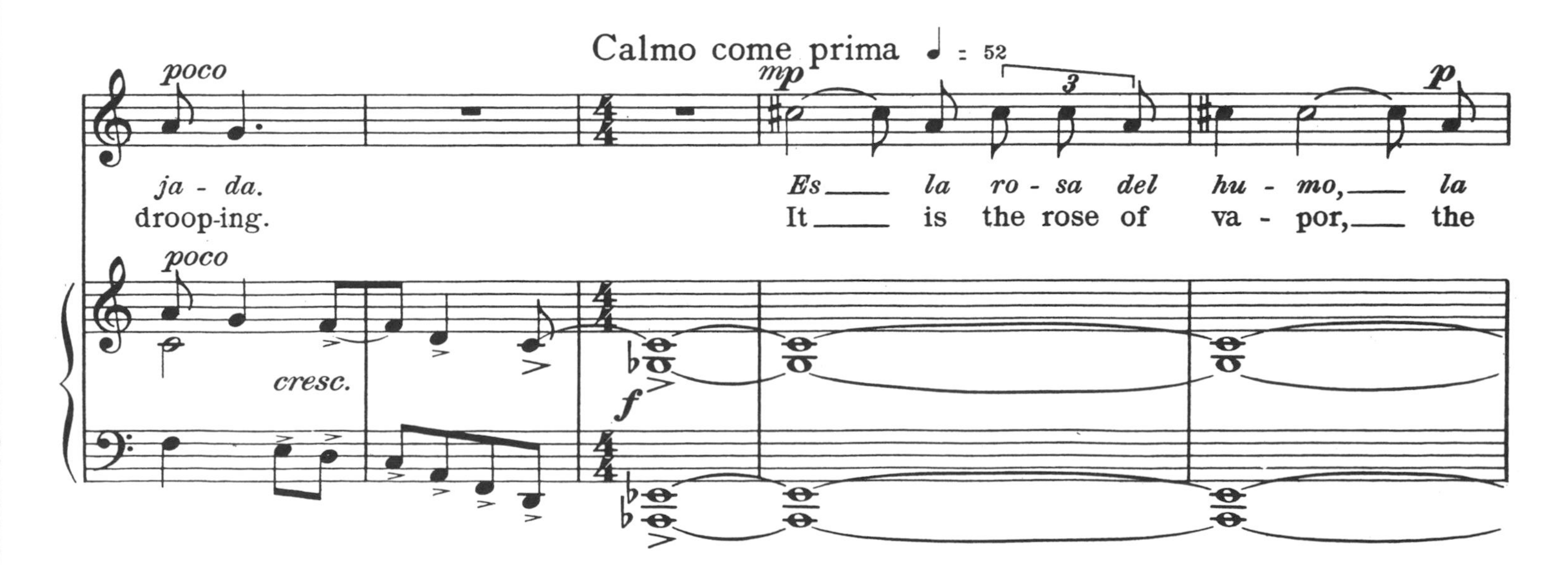
Calmo come prima ♩ = 52
poco
mp
p
ja - da. Es la ro - sa del hu - mo, la
droop-ing. It is the rose of va - por, the
poco
cresc.
f

Più mosso ♩ = 63
p sempre
ro - sa de ce - ni - za, la ne - gra ro - sa de car - bón dia - man - te
rose of ash and cin - der, the coal-black rose, the rose of car - bon dia-mond
p sempre
mp il tempo sempre giusto
que si - len - cio - sa ho - ra - da las ti - nie - blas
that cuts with si - lence the heav - y shades of night-fall
il tempo sempre giusto
mp sempre legato

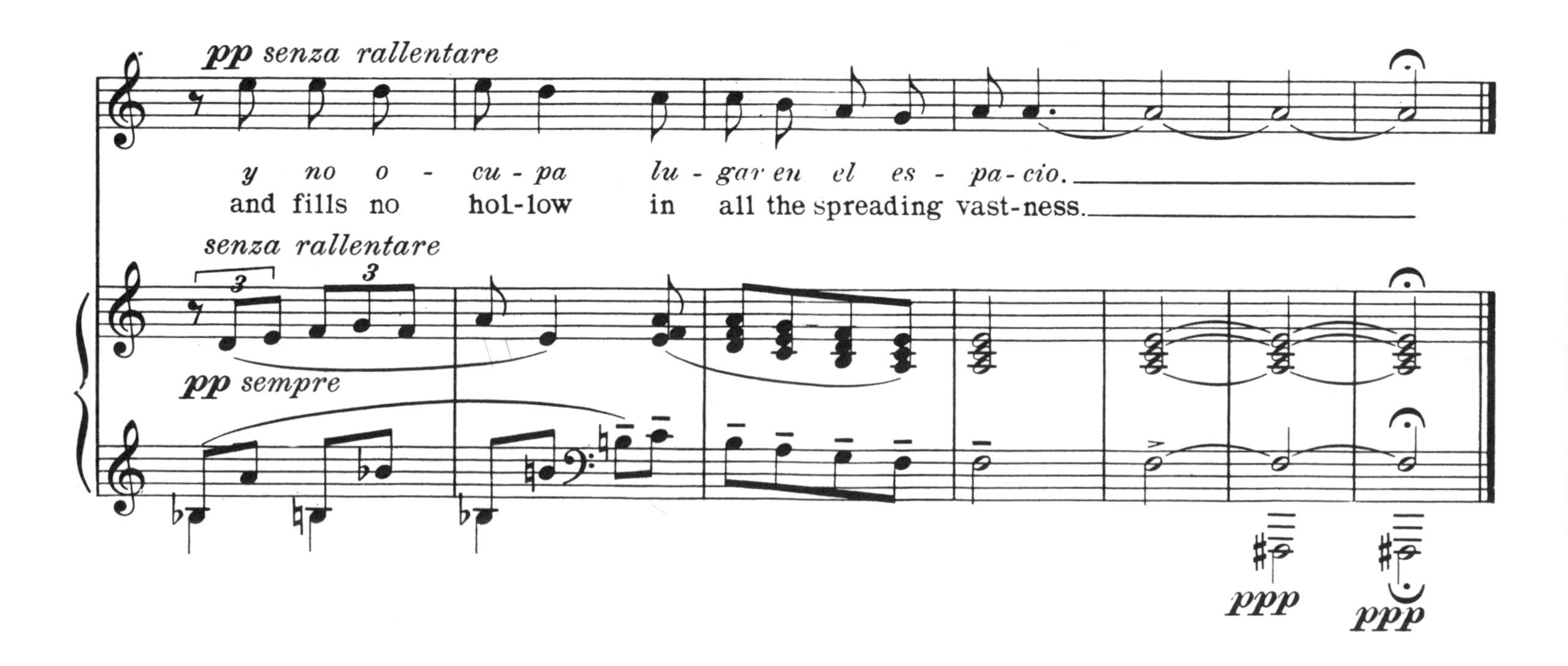
pp senza rallentare
y no o - cu - pa lu - gar en el es - pa - cio.
and fills no hol - low in all the spreading vast - ness.
senza rallentare
pp sempre
ppp
ppp